AF349665

AHIMAN REZON

OU

REGLEMENS GENERAUX

A l'usage des Anciens Maçons d'York, sous la Jurisdiction de la G∴ L∴ de la Louisiane.

A LA NOUVELLE-ORLEANS,

Imprimé par les FF∴ P. et C. Roche, Imprimeurs
de la G∴ L∴ de la Louisiane.

1813.

AHIMAN REZON

OU

Reglemens Generaux

A l'usage des Anciens Maçons d'York , sous la Jurisdiction de la G∴ L∴ de la Louisiane.

***

CHAPITRE PREMIER.

Du caractère, et des qualités requises pour être reçu Franc-Maçon.

Avant de nous étendre sur les devoirs des Maçons, dans les différentes places et dignités auxquelles ils peuvent être appelés dans leurs loges respectives, nous donnerons une idée du caractère et des qualités que doit posséder celui qui aspire aux honneurs et aux avantages qui appartiennent à ceux qui ont été initiés dans les mystères, et instruits dans les travaux de l'ancienne Franche-Maçonnerie.

Section Ière.

Celui qui animé de l'amour de la science désire de se faire recevoir Maçon, doit savoir avant tout que le fondement et la pierre angulaire de cet Ordre, sont une ferme croyance dans l'existence d'un Etre éternel, et qu'il lui doit rendre les hommages, qui lui sont dûs, comme Grand Architecte et moteur tout-puissant de cet univers. Un Maçon est aussi tenu à suivre les préceptes de la morale, et s'il est bien pénétré des principes de l'Art Royal et Mystique, il fuira les sentiers du libertinage et plaindra les erreurs de l'athée, car il n'osera jamais étouffer la voix secrète de sa conscience. Il rejettera les maximes absurdes de la bigoterie et de la superstition en faisant usage de sa raison pour se conduire avec cette liberté qui est le véritable caractère de la Maçonnerie. Cependant il ne s'écartera point de ces grands points de religion sur lesquels tous les hommes s'accordent ; mais quant aux modes et aux formes particulières du culte, il laissera à chacun de ses frères la liberté de consulter son propre choix—Il suit de là qu'un Maçon, quel qu'il soit, et quelles que soient sa secte et sa croyance, doit être un homme bon, fidèle, honnête et plein d'honneur ; il doit toujours se rappeler ce grand précepte, " faites à autrui ce que vous vou- " driez qu'on vous fît " et lorsqu'il ira se prosterner devant son Dieu, il l'adorera dans les formes qui lui seront dictées par sa propre conscience.

Section 2ème.

Devoirs du Maçon envers le Gouvernement et l'Autorité civile.

Un Maçon doit chérir la paix et montrer une soumission parfaite à l'autorité civile dans le pays où il réside, il ne doit tremper dans aucun complot, ni dans aucune conspiration qui puissent troubler la tranquillité, ou le bonheur de l'état ; les lois de son pays doivent être sacrées pour lui, et il ne doit jamais témoigner de mépris même envers les magistrats de l'ordre le plus inférieur. La Franche-Maçonnerie ayant toujours été victime des guerres et de l'anarchie, d'anciens rois, princes et chefs des nations puissantes, touchés de la loyauté et de la soumission des Maçons, se montrèrent disposés à protéger et encourager leurs travaux. C'est en pratiquant les vertus qu'ils répondaient d'une manière victorieuse aux calomnies de leurs adversaires, et qu'ils augmentaient de plus en plus la gloire de la fraternité. Si donc un frère levait l'étendart de la révolte, on devrait blâmer son aveuglement et non pas le soutenir dans son crime. Il doit être privé de tous les bienfaits de la loge, et ses frères ne doivent avoir aucune sorte de communication avec lui tant qu'il persiste dans ses desseins criminels ; par cette conduite, on évitera de porter ombrage au gouvernement légitime. Cependant un frère, dans cette situation, doit toujours être regardé comme Maçon, son caractère comme tel étant ineffaçable, on ne doit point désespérer de lui, car les préceptes de l'Art Royal peuvent vaincre ses penchans criminels et le ramener dans le chemin de la vertu.

Section 3ème.

Concernant les qualités particulières et les devoirs des M∴ M∴

Un Maçon doit pratiquer toutes les vertus, il évitera les excès de la débauche, car ils ne peuvent que nuire à ses progrès dans l'Art, et l'entraîner dans des fautes, dont la honte doit rejaillir sur toute la société ; il doit être laborieux afin de ne point manger oisivement le pain d'autrui ; dans ses momens de loisir, il doit cultiver les sciences et les arts pour être plus en état de remplir ses devoirs envers son créateur, son pays, ses frères et lui-même ; enfin une soumission aveugle aux volontés de Dieu, l'amour de la justice et de la clémence, sont les traits qui doivent caractériser un vrai Maçon : pour atteindre au point de perfection, il doit se faire une habitude des vertus, de la patience, de la modestie, et de l'oubli de soi-même ; il parviendra ainsi à commander à ses passions et à gouverner sa famille avec affection, dignité et prudence. Il faut qu'il réprime le penchant qui pourrait le porter à faire tort à autrui, et qu'il cherche à entretenir dans le cœur de ses frères cet amour de s'obliger mutuellement qui devrait animer les membres d'une même loge, qu'il tende une main secourable à l'infortune, partage son pain avec le pauvre industrieux, et ramène dans son chemin le voyageur égaré : Voilà les devoirs les plus chers à la Franche-Maçonnerie. Cependant quoiqu'un Maçon ne doive jamais rebuter le malheureux, néanmoins un frère souffrant, un opprimé doit être plus particulièrement l'objet de sa pitié, et c'est surtout envers lui qu'il doit se livrer à toute la tendresse d'un cœur compatissant. La calomnie et la médisance ne doivent jamais souiller la bouche d'un Maçon, et les propos impies et indécens doivent être soigneusement bannis de ses conversations ; il doit une soumission entière à l'autorité de ceux qui, par leur supériorité dans l'Art, sont élevés au-dessus de lui quelqu'inférieur que soit au sien le rang qu'ils tiennent dans le monde ; car quoique la Franche-Maçonnerie ne cherche à dépouiller personne de ses dignités, qu'elle les respecte au contraire, néanmoins la prééminence dans les vertus et dans l'Art Royal est la source de tous les honneurs et de toutes les distinctions de la loge. La dernière vertu dont nous parlerons est le secret ; par son importance, elle méritait la première place, mais voulant nous étendre un peu plus à son égard, nous allons en traiter actuellement : cette qualité est si essentielle dans un Maçon que son observation lui est enjointe sous les peines les plus sévères. On doit faire peu de cas de l'homme qui a assez peu de force d'esprit pour dévoiler des secrets qui lui ont été confiés, ou qui peuvent l'intéresser personnellement. L'histoire nous apprend que des entreprises qui n'avaient pour but que le triomphe de la vertu ont échoué par le défaut de secret.

Les anciens philosophes et les sages étaient tellement pénétrés de l'excellence de cette vertu, que leurs premières leçons tendaient à la graver dans le cœur de leurs disciples. Pithagore dans son école, prescrivait un silence absolu aux novices, leur interdisant l'usage de la parole à moins qu'on ne les interrogeât avant : ils apprenaient par là à conserver religieusement les secrets importans qu'on leur confiait. Lycurgue fit une loi pour obliger le dépositaire d'un secret à le garder religieusement à moins qu'il ne menaçât le salut de l'état. Caton le censeur disait à ses amis qu'il y avait trois choses qu'il ne faisait jamais sans s'en repentir : la première, de dévoiler un secret ; la seconde, d'aller par eau lorsqu'il pouvait le faire par terre ; la troisième, de laisser passer un jour sans chercher à faire le bien. Nous lisons aussi que les lois persannes punissaient plus sévèrement la violation du secret qu'elles ne faisaient les crimes ordinaires.

Les sages et les philosophes profanes, ne sont pas les seuls qui aient reconnu l'excellence de cette vertu, les législateurs sacrés, les pères de l'église et les prophètes l'ont aussi fortement recommandée. St. Ambroise place le don du silence parmi les principaux fondemens de la vertu—le sage Salomon regarde comme indigne de régner ou de commander, l'homme faible qui est incapable de maîtriser sa langue; il prodigue les épithètes *d'infâme et de traitre* à l'indiscret; mais il comble d'éloges, l'homme discret et fidèle. " Garde-toi, dit-il, " de confier ton secret à un autre de peur qu'il ne t'en " fasse rougir et que tu ne puisses plus te laver de ton " infamie. Celui qui sait maîtriser sa langue sait maî-" triser ses passions. "

Les passages suivans tirés de l'ecclésiaste sont d'une grande beauté, et dignes d'être gravés dans le cœur d'un Maçon. " Celui qui trahit le secret de son ami " perd tout droit à sa confiance. Chéris ton ami et sois " lui fidèle, mais si tu violes ses secrets, ne le fré-" quente plus; car semblable à l'homme qui tue son " ennemi, tu as détruit dans le cœur de ton ami " l'amour qu'il avait pour toi; il est comme le poisson " échappé de ses filets, tu le chercherais en vain, il est " loin de toi. " On peut guérir une blessure, une rupture peut être suivie de la réconciliation, mais un secret trahi éteint jusqu'à l'espoir dans le cœur du coupable.

Nous avons jusqu'ici traité des vertus et des qualités que doivent posséder ceux qui aspirent aux avantages de la Maçonnerie, nous ferons connaître maintenant les qualités physiques que doit avoir le postulant, et les démarches qu'il doit faire pour être admis dans une loge régulièrement constituée des Anciens Maçons d'York. Outre les vertus dont nous avons parlé il faut qu'il possède les qualités suivantes: qu'il soit né libre, âgé de vingt et un an, de bonnes mœurs, d'une réputation

tation intacte, et qu'il jouisse de la plénitude de ses facultés naturelles et intellectuelles. Il doit en outre avoir un état ou une profession qui puisse lui assurer une honnête existence et le mettre à même de travailler dans son art comme il convient aux membres de cette ancienne et honorable fraternité, auxquels il ne doit pas suffire de gagner le simple nécessaire, mais qui doivent chercher à se procurer un superflu pour les œuvres de charité, et pour soutenir l'éclat et la dignité de l'Art Royal.

SECTION 4ème.

Concernant la manière de proposer de nouveaux Membres.

Celui qui voudra se faire recevoir dans une loge, doit être proposé par un des membres qui instruira l'assemblée par écrit du nom du candidat, de son âge, de ses occupations, de sa résidence et des autres qualités requises. La proposition sera conçue dans les termes suivans,

Au Vénérable Maître, Officiers et Membres de la loge No.

" Messieurs,

" Désirant connaître les mystères que vous professez
" et être admis comme membre d'une société dont les
" principes reposent sur la vertu, et dont la pratique
" est la bienveillance et la charité, je prends la liberté
" de m'offrir comme candidat pour l'admission
" Je suis âgé de   ans, né de parens et de con-
" dition libre, suis   de profession ou d'état,
" je réside à   et me soumets avec plaisir à
" toutes les informations que votre société voudra
" prendre sur mes vie et mœurs, vos suffrages en ma
" faveur seront considérés comme une obligation dont
" je conserverai une éternelle reconnaissance. "

Cette lettre sera placée dans les archives de la loge pour servir de garant au candidat , elle sera accompagnée d'une somme d'argent fixée par les règlemens , laquelle somme restera au profit de la loge , si le candidat retirait sa demande ; mais si sa proposition était rejetée par la loge , on lui remettra son argent ; s'il est élu , la somme donnée sera considérée comme une avance sur celle exigée par les règlemens pour l'initiation. Cette proposition doit être appuyée par un ou plusieurs membres de la loge : elle doit être faite dans une des séances ordinaires de la loge , au moins une tenue avant l'initiation, afin de donner aux FF∴ le temps nécessaire pour s'enquérir des mœurs et de la conduite du candidat, et la loge doit à cet effet nommer un comité spécial. Les voyageurs peuvent être initiés dans la séance même où leur demande aura été faite, pourvu qu'ils soient recommandés par deux membres de la loge , et qu'ils soient élus par la majorité déterminée par les règlemens. Ayant ainsi montré les recherches scrupuleuses qu'une loge doit faire avant l'admission d'un candidat , il est juste de le prévenir que de son côté , il doit agir avec la même circonspection et s'enquérir aussi du caractère de la loge dans laquelle il désire d'être admis. Le candidat aura le droit de demander communication du pouvoir ou de la dispense par lesquels la loge est constituée ; si cette pièce est véritable , elle doit être imprimée sur papier ou parchemin, porter les signatures du Grand Maître , de son Député , des Grands Surveillans , contre-signée par le Grand Secrétaire et le Grand Trésorier et être revêtue du sceau de la Grande Loge , et elle doit en outre désigner de certaines personnes qui y sont particulièrement nommées en qualité de Maître ou Vénérable et Surveillans , leur donnant plein pouvoir d'assembler et tenir loge dans un lieu désigné , et d'y admettre , faire , passer et élever des Maçons d'après les plus anciens usages et coutumes de l'Art , dans tous les âges et nations du monde connu et *non autrement etc.*

MODELE D'UNE CHARTRE CONSTITUTIONNELLE.

	A		*Grand Master*
	B		*Deputy Grand Master*
C	*Senior Grand Warden*	*D*	*Junior Grand Warden*

TO ALL WHOM IT MAY CONCERN

The Grand Lodge of Louisiana, Ancient York Masons, established at New-Orleans, in the state of Louisiana, the 20th *day of June in the year of our Lord* 1812 *and of Masonry* 5812, *according to the old constitution revived by the Prince EDWIN at York, in the kingdom of England, in the year of our Lord* 926 *and of Masonry* 4926, *by the style and title of the Grand Lodge of Louisiana Ancient York Masons and its masonic jurisdiction, invested with full and sole power and authority over all the ancient craft, and the supreme court of appeal in all masonic cases arising under its jurisdiction agreably to ancient form and usage—being assembled in grand communication in the city of New-Orleans and State aforesaid,*

SEND GREETING :

KNOW ye that we the Grand Lodge of Louisiana, by virtue of the powers and authorities duly vested in US *as aforesaid,* DO *hereby authorize and empower our trusty and well beloved brethren J   Master ; L   Senior Warden ; and M   Junior Warden ; to open an hold a lodge designated by number   and by the name of   under our register and jurisdiction, in the city of New-Orleans in the State of Louisiana, or within three miles of the same.* AND WE DO *likewise authorize and empower* our *said Brethren J L   & M   to admit, make, pass and raise Free Masons according to the most ancient custom and usage of the craft, in all ages and nations, throughout the known World and not otherwise.* AND WE DO *further authorize and empower the said J   L   & M   and their successors to hear and*

determine all and singular matters and things relative to the craft, within the jurisdiction of the said lodge number   ; and lastly WE DO *hereby authorize, empower and direct our said trusty and well beloved Brethren J   L   &*
M   to install their successors after being duly elected and chosen ; to invest them with all the powers and dignities to their offices respectively belonging, and deliver to them this warrant. And such successors shall, in like manner, from time to time, install their successors and proceed in the premises as above directed : such installation to be upon or near the festival of St. John the evangelist during the continuance of the said lodge, for ever ; provided always that the said above named Brethren, and their successors, do pay due respect and obedience to the Right Worshipful Grand Lodge aforesaid and to the ordinances thereof, otherwise this warrant to be of no force or virtue.

GRAND LODGE'S
SEAL.

GIVEN in open Grand Lodge under the hands of our Right Worshipful Grand Officers and the Seal of our Grand Lodge at New-Orleans this   day of   in the year of our Lord one thousand eight hundred and   and of Masonry five thousand eight hundred and

Attest.

E   Grand Secretary   F   Grand Treasurer.

CHAPITRE II.

Des Règlemens généraux en usage parmi les anciens Maçons d'York et particulièrement adaptés aux usages et coutumes de l'Ordre dans l'Etat de la Louisiane.

Après avoir traité dans le chapitre précédent du caractère et des qualités qui doivent distinguer ceux qui aspirent à l'avantage de devenir francs et acceptés Maçons, nous allons maintenant nous occuper des règlemens généraux qui concernent plus particulièrement la Maçonnerie opérative.

Section 1ère.

De la Loge et de son Administration.

1°. Une loge est le lieu où les Maçons s'assemblent pour travailler ; la réunion ou le corps organisé des Maçons s'appelle aussi loge : de même que le mot église s'entend également et de l'assemblée des fidèles, et de l'endroit où le peuple se rend pour le service divin. Dans le langage maçonnique, on qualifie aussi de nom de loge, cette partie des décorations qui est placée au centre de l'appartement et au-dessus de l'autel.

2°. Les qualités requises dans ceux qui sont admis à être membres d'une loge ayant été amplement expliquées dans le chapitre précédent, nous nous contenterons de répéter ici en général, qu'ils doivent être d'une réputation intacte, du sexe masculin, d'un âge mûr, c'est-à-dire avoir au moins vingt et un an, né de parens libres et blancs, sains de corps et de jugement, et qu'ils aient en outre des biens ou un état ou profession qui puissent leur assurer une existence honnête.

3°. Une loge doit s'assembler au moins une fois par mois, elle doit être composée d'un Maître ou Vénérable, d'un premier et second Surveillant, d'un Secrétaire, d'un Trésorier qui doivent tous être installés et qui sont considérés comme dignitaires : d'un premier et second Diacre, deux Couvreurs et d'autant d'autres Officiers et de Membres que la majorité de la loge jugera convenable. Néanmoins lorsqu'une loge compte plus de cinquante membres, lorsque tous peuvent assister exactement aux travaux, ainsi que les règlemens de l'Ordre l'exigent, on regarde souvent qu'il est peu convenable de l'augmenter pour n'en point embarrasser les travaux : C'est pourquoi lorsqu'une loge parvient à être aussi nombreuse, quelques-uns des Maîtres les plus experts, et d'autres membres sous leur direction peuvent solliciter la permission de se séparer et de s'adresser à la Grande Loge pour obtenir une chartre constitutionnelle pour travailler entr'eux, de manière à assurer l'avantage de l'Art Royal, ainsi que les règlemens qui suivent le diront plus particulièrement : mais cette chartre constitutionnelle ne peut être accordée à aucun nombre de Maçons, et aucune nouvelle loge ne peut être formée à moins qu'il n'y ait parmi eux trois maîtres Maçons, capables d'être nommés et installés Officiers, pour gouverner la loge, veiller à l'instruction de ses membres et les avancer selon leur mérite. On doit prouver clairement à la Grande Loge que la demande de nouvelles chartres de constitution n'est que pour l'avantage de l'Ordre : car il vaut mieux qu'il y ait moins de loges bien suivies, que si le nombre en était augmenté et qu'elles fussent désertes.

4°. Afin que la décence et le bon ordre soient observés pendant que la loge est occupée dans ses solemnités, de même que pour l'observance du secret et de la bonne harmonie, il sera nommé un frère expérimenté dans la maîtrise qui sera payé aux frais de la loge, pour veiller à la garde extérieure du Temple pendant le temps du travail.

5°. Chaque loge tiendra un registre, où seront inscrits ses règlemens particuliers, le nom de tous ses membres ainsi qu'une liste de toutes les loges sous la juridiction de la Grande Loge qui doivent se réunir en communication générale, le temps et le lieu des assemblées de ces diverses loges ; ce registre servira de même à contenir telles autres parties de leurs transactions qu'il sera nécessaire de conserver pour l'instruction générale.

6°. Aucune loge ne pourra initier ou affilier plus de trois personnes dans la même séance, sans avoir obtenu une dispense du Grand Maitre, ou de son Député, en son absence; il ne sera non plus conféré plus de deux grades à la même personne dans une séance. Pour être initié ou reçu membre d'une loge (à moins d'être voyageur) ou être affilié, il faut que le candidat soit proposé un mois d'avance, afin que tous les membres de l'atelier puissent en avoir connaissance, et qu'ils aient le temps de faire les perquisitions nécessaires sur le caractère et les vie et mœurs du pétitionnaire, et qu'il y ait dans l'élection ou admission l'unanimité exigée par les règlemens particuliers; dans ce dernier cas même on ne peut pas réclamer de dispenses parce que l'unanimité est essentielle au bien-être d'une loge, et que ses propres membres sont dans ce cas les juges les plus compétens; car s'il était permis à une autorité étrangère, ou même supérieure, d'introduire dans un atelier un membre qui ne lui serait pas agréable, la loge, en perdant sa liberté et son harmonie, serait menacée d'une dissolution totale.

7°. Une loge ne formant qu'un seul tout, les membres qui ont été admis à l'initiation ou à l'affiliation ne peuvent s'en séparer, à moins que la majorité de la loge n'y consente—de même un nombre de membres ne peuvent demander ensemble leur retraite, à moins que la quantité des membres de la loge ne soit trop considérable et n'embarrasse le travail; et dans ce cas, ces FF∴ ne peuvent obtenir leur retraite sans préalablement s'être acquittés de ce qu'ils doivent à l'atelier, et sans avoir obtenu la permission de se séparer et de s'adresser à la Grande Loge pour obtenir une chartre constitutionnelle afin de former une nouvelle loge, et aucune quantité de Francs-Maçons ne pourra travailler ensemble ou former une nouvelle loge sans une dispense, ou chartre en constitution.

8°. Les Officiers des loges seront élus pour l'espace d'un an, dans la séance qui précédera immédiatement la fête de St.-Jean l'Evangéliste.

9°. Aucune loge ne peut s'immiscer dans les affaires d'une autre loge, il serait même contre les lois de la bienséance qu'une loge conférât des grades à un Maçon qui n'appartiendrait pas à son atelier.

10°. Aucune loge ne peut dans une séance extraordinaire, altérer, changer ou détruire, ce qui aura été fait ou arrêté dans une séance régulière.

11°. Si le hasard voulait qu'on reçut dans une loge un homme de mauvaises mœurs, ou qu'il le devint après son admission, on pourra légalement, après la preuve acquise du fait, le renvoyer de l'atelier après que son procès aura été légalement fait suivant les formes déterminées par les règlemens particuliers ; mais il devra être entendu dans sa défense, ou être sommé de la faire et pourra appeler de ce jugement, et nul Maçon ne peut rester membre d'une loge lorsqu'il s'est rendu coupable de quelque crime contre les lois du pays. Le premier et le meilleur principe de l'Ordre est de maintenir la fraternité exempte de reproches. La Maçonnerie ne peut que s'attirer le respect et les hommages du monde lorsqu'on verra que chez elle la vertu trouve sa récompense et le vice son châtiment. Il seroit inutile de s'arroger le droit de scruter le caractère d'un candidat avant son admission, s'il ne devait pas le conserver dans toute sa pureté lorsqu'il appartient à la société.

12°. Tous les pouvoirs maçonniques dérivant de la Grande Loge, aucune loge particulière ne peut suspendre ses travaux sans encourir la peine de perdre sa
chartre.

chartre, toutes les difficultés qui peuvent se présenter, et qui n'auraient pas été prévues par les règlemens généraux de la Grande Loge, ou dans cet AHIMAN REZON, devront être soumises à la Grande Loge.

SECTION 2ème.

De la conduite des Maçons comme membres d'une Loge.

1°. *De l'Assiduité*———Chaque frère doit appartenir à une loge régulière et doit toujours s'y présenter vêtu d'une manière propre et décente en se soumettant aux règlemens généraux et particuliers de l'Ordre ; il doit se rendre à toutes les assemblées ordinaires et extraordinaires lorsqu'il en a été dûment informé ; à moins qu'il ne puisse offrir à la loge des raisons qui justifient son absence, ainsi qu'il sera pourvu par les règlemens particuliers.

2°. *Du Travail*———Tous les Maçons doivent se livrer aux occupations de leur état, ou profession, avec zèle et assiduité tous les jours destinés au travail afin de pouvoir se procurer une existence honnête et paraître d'une manière décente les jours de fête. Ils doivent se rendre exactement aux heures fixées pour les séances de leurs loges respectives, sous telles peines ou amendes qui seront établies par les règlemens particuliers ; les Maçons doivent s'acquitter de leurs devoirs sans murmure et ne doivent quitter la loge que lorsque les travaux sont achevés. Ils doivent se donner le nom de frères, soit en dedans, soit en dehors de la loge. Ils s'efforceront par une conduite exemplaire de servir de modèles aux frères nouvellement initiés, et se feront un devoir de les instruire dans les mystères de l'Art ; mais comme francs et acceptés Maçons, ils ne permettront point aux profanes ou aux Maçons irréguliers de travailler avec eux , afin que la connaissance des mystères de l'Ordre ne soit point illégalement obtenue.

3°. *Conduite à tenir pendant la loge.*

Lorsque les travaux sont ouverts , les Maçons ne doivent avoir entre eux aucune conversation , ni tenir aucun comité particulier, sans la permission du Maître : ils ne doivent se permettre aucun propos étranger au travail dont on est occupé ; ils ne doivent point interrompre le Vénérable ou les Surveillans quand ils parlent, ni aucun des frères lorsqu'ils s'adressent au Trône ; il est défendu de rire et de plaisanter lorsque la loge est occupée d'affaires sérieuses et solennelles. Chaque membre doit porter le plus grand respect au Vénérable, aux Surveillans et à tous ses Frères. Si un membre entre en loge lorsqu'elle est ouverte , il doit saluer suivant l'usage le Vénérable et les Surveillans. Tous les frères doivent paraître en loge avec le tablier et décorations du grade qu'ils ont reçus, et ne doivent point quitter leur siége sans la permission du Maître ou de l'Officier qui préside.

Tout frère trouvé coupable d'une faute , doit se soumettre au jugement de sa loge, cependant s'il se croyait lésé il pourrait en appeler à la Grande Loge : les contestations particulières, les discussions sur la rivalité des nations, des familles et les disputes sur la religion, doivent être soigneusement bannies comme contraires aux règles établies. Les Maçons ne reconnaissant d'autre culte que celui du G.·. A.·. de l'univers, doivent vivre ensemble sous l'équerre, le niveau et la perpendiculaire, en suivant les traces de leurs prédécesseurs qui ne s'occupaient qu'à cultiver la paix et l'harmonie de la loge , sans distinction de secte ou de parti politique.

4°. *De la conduite des Frères après la clôture de la Loge, avant de se retirer chez eux.*

Lorsque les travaux de la loge sont finis et qu'elle est fermée, les frères, avant de se retirer, peuvent égayer leurs loisirs dans une réunion agréable et décente, et y mêler la musique et les chants qui leur sont particuliers, se traitant entre eux avec égard et politesse, et évitant toute espèce d'excès, se considérant les uns les autres, soit dans le travail ou la récréation, comme parfaitement libres, et d'après cela un frère peut se retirer quand il le croit convenable : car quoique les Maçons, après s'être retirés de leurs travaux, soient regardés dans le monde comme tous les autres hommes, néanmoins s'ils tombaient dans quelques excés, ce monde ignorant et envieux ne manquerait pas, quoiqu'injustement, d'en jeter le blâme sur l'Ordre entier.

Section 3ème.

Concernant les Maçons dans leur vie privée.

1°. Lorsque plusieurs frères se rencontrent hors de la loge, sans étrangers ou profanes parmi eux, ils doivent se traiter avec toute la politesse et l'attention qui leur sont enseignées en loge ; ils peuvent même se communiquer leurs connaissances, sans néanmoins se dévoiler de secrets, de peur d'être entendus ou aperçus par des étrangers : dans cet entretien amical aucun Maçon ne doit se départir des égards qu'il doit à son frère par rapport au rang qu'il tient dans le monde, car l'égalité maçonnique ne dépouille personne de ses dignités, au contraire elles ne peuvent servir qu'à augmenter la considération des Maçons pour un frère qui s'en trouve revêtu.

2°. *Conduite des Maçons en présence des profanes.*

Les membres de la société maçonnique doivent être extrêmement réservés en présence des profanes, de manière à échapper aux recherches mêmes des plus pénétrans, et répondre avec prudence aux questions insidieuses ou importunes de ceux qui voudraient découvrir les secrets ou mystères de la maçonnerie.

3°. *Conduite d'un Maçon dans l'intérieur de sa maison et avec ses voisins.*

Les Maçons, comme on l'a dit plus haut, doivent se conduire selon les préceptes de la saine morale; conséquemment ils doivent être bons époux, bons pères, bons fils, et bons voisins, ne s'absentant point de leurs maisons sans nécessité, fuyant les excès qui pourraient porter préjudice à eux ou à leur famille : Un Franc-Maçon qui se conduira mal envers sa famille, soit en négligeant de lui procurer le nécessaire, soit en perdant son temps dans la débauche ou la paresse, pourra être accusé devant sa loge, et sera obligé de se soumettre à la sentence prononcée contre lui.

4°. *Conduite à tenir envers un Frère étranger.*

La prudence exige qu'on examine scrupuleusement les étrangers qui se disent Francs-Maçons, afin de ne pas être dupes des importuns ou des irréguliers; si on en découvre de cette dernière classe, il faut les rejeter avec ignominie et mépris : mais ceux qui sont reconnus réguliers doivent être accueillis et traités comme frères; on doit chercher à leur être secourables, s'ils sont dans le besoin, et les recommander pour leur procurer de l'emploi lorsque l'occasion se présente.

5°. *Conduite à tenir envers son Frère, soit en sa présence, soit en son absence.*

Un Maçon ne doit jamais se permettre des réflexions qui puissent porter atteinte à la réputation de qui que ce soit, mais plus particulièrement à celle d'un frère ; il doit étouffer toute rancune et ne parler avec mépris ni de sa personne ni de ses œuvres : Si en sa présence on se répand en propos qui peuvent nuire à la fortune ou au caractère d'un frère, il prendra sa défense et même le préviendra sur le danger qui le menace pour le mettre à même de l'éviter ; pourvu qu'il n'y ait en cela rien d'incompatible avec l'honneur et la prudence, et que la sûreté de la religion ou de l'état ne soit point compromise.

6°. *Concernant les différens ou procès qui pourraient s'élever parmi les Frères.*

Si un frère vous a fait du tort, ou qu'il existe quelque différent entre vous concernant vos affaires particulières, adressez-vous d'abord à votre loge, ou à la sienne pour tâcher de terminer vos différens entre frères. Si l'une des parties est mécontente de la décision de la loge, elle peut en appeler à la Grande Loge ; mais vous ne devez jamais en appeler aux tribunaux avant d'avoir employé tous les moyens de conciliation. Si c'est une affaire qui regarde entièrement la Franche-Maçonnerie, on doit éviter toute espèce de procès, l'avis des frères prudens doit être suivi comme les meilleurs arbitres de tels différens : mais si les arbitrages recommandés étaient ou impraticables ou sans succès, et qu'il fallut enfin porter vos griefs devant les cours de justice ; il faut toujours se conduire d'après les règles générales de la maçonnerie déjà décrites, éviter toute rancune, malice, colère, ou personnalité pendant la durée du procès, et ne rien faire ou dire qui puisse empêcher la continuation ou le renouement de cet attachement fraternel qui fait la gloire et le ciment de l'union renommée des Maçons. Nous donnerons ainsi au monde la preuve de l'influence salutaire que peuvent exercer sur le cœur humain les leçons de la Franche-Maçonnerie, ainsi que nous en avons eu des exemples frappans dans la vie des Maçons illustres qui nous ont précédés ; cette conduite sera de même suivie de nos jours par ceux qui voudront se rendre dignes du nom de frères, et nous la transmettrons d'âge en âge jusqu'à la consommation des siècles. Ces leçons, ainsi que d'autres qui ne peuvent point être écrites, doivent être strictement et consciencieusement mises en pratique et afin que personne n'en ignore on en donnera connaissance à tous les nouveaux frères lors de leur initiation et aussi souvent que le Maître l'ordonnera.

Section 4ème.

Du Vénérable de la loge , de son élection, de sa charge
et de ses devoirs.

Aucun frère ne pourra être élu à la dignité de Vénérable à moins qu'il n'ait préalablement rempli dans la loge dont il est actuellement membre, ou dans quelqu'autre loge, la place de Vénérable ou de Surveillant, excepté cependant dans les cas extraordinaires, tels que la formation d'une nouvelle loge, et qu'il ne se trouve aucun ancien Vénérable ou Surveillant parmi les membres : alors trois Maîtres Maçons, quoiqu'ils n'aient encore occupé aucune dignité peuvent, s'ils sont bien instruits et versés dans l'Art, être nommés Vénérable et Surveillans de cette nouvelle loge ou de toute loge ancienne qui se trouve dans le même cas.

Le Vénérable d'une loge ne permettra à aucun membre de voter dans une élection à moins qu'il n'ait payé la totalité de ses cotisations , ainsi que les amendes auxquelles il aurait pu être condamné d'après les règlemens particuliers de sa loge.

Chaque membre a droit à un vote, et le Vénérable en aura deux lorsque les votes seront également partagés , autrement il n'en aura qu'un. Lorsque le scrutin sera recueilli , le Vénérable appellera deux des frères au trône pour être témoins du dépouillement , et en leur présence il examinera soigneusement le résultat du scrutin , et déclarera dûment élu celui qui aura obtenu la majorité des suffrages.

Le Vénérable de toute loge régulière doit maintenir la dignité de sa place , veiller scrupuleusement à l'exécution des lois et règlemens de la Grande Loge de la Louisiane , et aux règlemens particuliers de sa loge ; il doit tenir la main à ce que les Surveillans remplissent leur devoir avec fidélité et qu'ils donnent l'exemple des bonnes mœurs et de la régularité ; que le Secrétaire tienne un registre exact des arrêtés et des délibérations de la loge ; que le Trésorier tienne et rende un compte fidèle des recettes et des dépenses aux époques fixées par les règlemens particuliers et en général que les ameublemens , décorations et tout ce qui appartient à la loge soit bien soigné. Il veillera surtout à ce que les sommes consacrées par l'atelier à des œuvres de charité soient fidèlement remises aux personnes auxquelles elles sont destinées.

Le Vénérable aura aussi le soin de n'admettre aucun nouveau membre dans la loge , lorsque le nombre de ceux qui composent la loge se trouve suffisant. Il faut aussi que le Vénérable s'assure que les apprentifs reçus soient nés de parens libres et blancs , qu'ils aient l'âge requis (c'est-à-dire 21 ans), qu'ils possèdent les connaissances préliminaires qui les mettent à même de comprendre les mystères de l'Art : de cette manière les vues des fondateurs de cette société seront parfaitement remplies et lorsque les apprentifs auront fait des progrès dans la maçonnerie, ils pourront être élevés au grade de compagnon, et par suite de temps au grade illustre de maître avec l'espoir de parvenir aux dignités de l'Ordre, telles que celles de Surveillans et Vénérables, et enfin à aspirer à devenir Grands Surveillans et Grands Maîtres de toutes les loges suivant leur mérite.

Le Vénérable d'une loge particulière a le droit et l'autorité d'assembler sa loge sur la demande de quelqu'un des frères et suivant sa volonté, lorsque des circonstances à son avis l'exigeront. Il doit toujours présider les travaux lorsqu'il sera présent. Il est de son devoir d'assister aux tenues de la Grande Loge ou de ses comités lorsqu'il en sera requis par le Grand Secrétaire. Dans toutes les communications de la Grande Loge, le Vénérable et les Surveillans, ou l'un d'eux, ont plein pouvoir de représenter leur loge et de traiter toutes les affaires qui les concernent, et leur assentiment sera obligatoire pour leur atelier, de la même manière que si tous les membres étaient présens.

Le Vénérable a le droit de nommer un frère de l'atelier (qui est ordinairement le secrétaire) pour garder le livre des règlemens particuliers et des autres lois donnés à la loge par l'autorité compétente : dans ce livre seront inscrits le nom de chacun des membres de la loge, ainsi qu'une liste de toutes les loges de la même juridiction, avec la désignation du temps et du lieu de leurs assemblées.

Le lieu d'assemblée ordinaire d'une loge ne peut être changé sans le consentement de la majorité de

ses

ses membres : la proposition pour le changement doit être faite dans une assemblée ordinaire de la loge, et la décision en être renvoyée dans la prochaine assemblée ordinaire, après en avoir donné avis dans la planche de convocation ; cependant dans les cas particuliers d'urgence, lorsqu'au jugement du Vénérable ou de l'Officier qui présidera en son absence, il y aurait danger dans le délai, il pourra convoquer une loge extraordinaire pour prendre l'objet en considération, et le Vénérable ou l'Officier qui présidera, se conduira toujours par la décision de la majorité. Une loge ne peut point s'écarter des limites qui lui sont prescrites dans sa chartre, sans une dispense du Grand Officier qui présidera la Grande Loge et sans la concurrence de la Grande Loge, dans l'assemblée qui aura lieu immédiatement après.

Le déplacement d'une loge doit être notifié par son Secrétaire particulier au Grand Secrétaire.

Le Vénérable doit avoir sous sa garde la chartre de la loge qui doit être présentée toutes les fois que la loge s'assemble. Aux époques des élections, le Vénérable élu a toujours le droit de nommer le premier *Diacre*, mais il lui est enjoint de le choisir parmi les Maîtres Maçons.

Si un Grand Officier, un Vénérable en exercice, ou un ex-Vénérable, se présente comme visiteur, le Vénérable d'une loge doit lui faire rendre les honneurs qui lui sont dûs.

Il est du devoir du Vénérable (dans le cas où il y aura un surplus de fonds dans les mains du Trésorier) de rappeler à sa loge la nécessité d'employer ce surplus de la manière qui tournera le plus à son avantage, soit par un placement avantageux, ou par des améliorations ou augmentations que l'atelier croira convenables.

d

Il arrive souvent que les loges ne font pas assez d'attention aux qualités que doivent posséder les frères appelés à la place de Vénérable. Il ne suffit pas seulement qu'ils soient honnêtes et bons Maçons, mais ils doivent être versés dans les principes et la doctrine de l'Art Royal : ils doivent être en état de les enseigner, et doivent être choisis parmi ceux qui ont reçu une éducation soignée et qui possèdent des connaissances générales, et enfin parmi ceux qui jouissent de l'estime publique. De tels Maîtres ne peuvent qu'ajouter un nouvel éclat à une loge, et les profanes seront alors obligés de convenir que c'est un honneur d'être enrôlé sous nos bannières.

Section 5ème.

Des Surveillans de la Loge.

1°. Les Maîtres Maçons seuls peuvent être nommés Surveillans d'une loge ; leur élection se fera comme celle du Vénérable.

2°. Le premier Surveillant succède à tous les droits du Vénérable, et remplit le fauteuil lorsque celui-ci est absent. Si le Vénérable quitte le pays, s'il meurt ou est destitué, le premier Surveillant, ou en son absence le second Surveillant, remplira sa place jusqu'au terme fixé pour une nouvelle élection. Le Surveillant peut abandonner ce privilége en faveur de quelque ex-Vénérable présent, s'il le trouve convenable ; néanmoins cette offre est absolument à l'option des Surveillans, car l'Officier qui préside en l'absence du Vénérable est toujours censé recevoir son autorité des Surveillans, et il ne pourrait agir, si les Surveillans ne convoquaient pas la loge. Dans le cas où le Vénérable et les Surveillans seraient absens, le plus ancien ex-Vénérable présent présidera la loge, et désignera les membres par ordre d'ancienneté et de mérite pour remplir les différentes places des Officiers absens. Mais s'il n'y avait aucun ex-Vénérable présent, la loge ne pourrait point être ouverte, car il n'y a que le Vénérable, les Surveillans ou les ex-Vénérables qui puissent remplir le fauteuil. Les devoirs des Surveillans en loge, sont d'aider le Vénérable dans la conduite des travaux, de maintenir l'atelier dans l'ordre, lorsque le Vénérable est présent, et de remplacer celui-ci dans toutes ses fonctions, ainsi que nous les avons déjà désignées, lorsqu'il est absent. Il y a certaines loges qui assignent des devoirs particuliers à leurs Surveillans : elles en ont le droit, pourvu qu'en cela il n'y ait rien de contraire aux anciens usages, aux lois et règlemens de la Grande Loge de la Louisiane, et en contravention à l'esprit, au génie et aux principes de la Maçonnerie.

Il est du devoir des Surveillans d'assister à toutes les assemblées de la Grande Loge, et d'agir de concert avec le Vénérable pour les intérêts de leur loge. S'ils ne peuvent pas s'y rendre en personne, ils peuvent s'y faire remplacer par un frère de leur loge, décoré des marques distinctives de leur dignité ; pourvu toutefois que le frère qui remplacera un des Surveillans, ait déjà rempli la même dignité ou une supérieure dans une loge régulière. Aux époques des élections, le premier Surveillant élu, a le droit de nommer le second Diacre, il doit le choisir parmi les Maîtres Maçons.

SECTION 6ème.

Du Secrétaire de la Loge.

Le Secrétaire tiendra un registre exact de toutes les délibérations et transactions de la loge qu'il est nécessaire de conserver, il pourra loge tenante, si les travaux étaient trop longs, n'en prendre qu'une esquisse ; mais

Il faudra que cette pièce soit lue et approuvée de manière à être confirmée dans la tenue régulière qui suivra, et être mise sous les yeux de la Grande Loge, lorsque le cas l'exigera.

Le Secrétaire tiendra un état exact de tous les membres de la loge, en marquant le temps de leur initiation ou admission ; et il enverra tous les ans au Grand Secrétaire un tableau de tous les frères de l'atelier, d'après la forme adoptée par la Grande Loge. Il tiendra aussi registre des noms de tous les visiteurs, et enverra les sommations aux membres de la loge pour les assemblées régulières, ainsi que pour les assemblées extraordinaires qui seraient convoquées par le Vénérable ou l'Officier qui présiderait en son absence.

Formule des planches de convocation :

" La Loge No. . . . . sous la juridiction
" maçonnique et l'autorité de la Grande Loge de la
" Louisiane, Anciens Maçons d'York, s'assemblera
" à . . . . . . le . . . . . . à   heures du
" vous êtes sommé d'y assister sous les peines portées
" par les règlemens particuliers.

N. B. Si la loge était assemblée extraordinairement, le Secrétaire doit en faire mention dans la planche de convocation, et désigner les objets et points qui doivent être mis en délibération.

Section 7ème.

Du Trésorier de la Loge.

Le Trésorier, immédiatement après sa nomination, fournira au Vénérable en exercice pour la sûreté de la loge, un cautionnement avec bonne et valable sûreté de telle somme qui sera fixée par les règlemens particuliers pour la fidèle exécution des devoirs de sa charge, et du dépôt confié à ses soins. Le Trésorier tiendra des comptes exacts de toutes les sommes prélevées et payées pour l'entretien de la loge et le soulagement des malheureux ; il payera tous les mandats qui seront tirés sur lui par l'autorité de la loge, lesquels mandats doivent être signés du Vénérable et contre-signés du Secrétaire ; le Trésorier fera dans son registre des entrées régulières de ses recettes et dépenses, et aura ses livres et documens préparés pour être vérifiés aux époques fixées par les règlemens particuliers, ou lorsqu'il en sera spécialement requis par le Vénérable ou par la loge.

Le Trésorier aura également la charge et la garde du coffre, des bijoux et des décorations de la loge, à moins que la loge, par ses règlemens particuliers, n'ait préposé quelque frère pour la garde de ces objets, ou que les Officiers de la loge ne prennent immédiatement ce soin sur eux-mêmes.

SECTION 8ème.

De l'Orateur.

L'élection de l'Orateur se fait annuellement ; cet Officier est chargé de faire les prières usitées dans une loge, de désigner les devoirs et obligations de chaque membre en particulier, de prononcer des discours sur les principes et le but de l'institution et des oraisons funèbres à la mémoire des frères décédés, lorsqu'il en est requis. Il est aussi du devoir de l'Orateur de donner tous ses soins aux frères nouvellement initiés, et de les instruire dans l'Art Mystique. L'Orateur doit être choisi parmi les Maîtres Maçons dont la science maçonnique peut les rendre capables d'expliquer les lois, règlemens, constitutions et les anciens usages. Nous regardons la création d'une telle place comme très-avantageuse, en ce que ses devoirs bien remplis tendent à disséminer les connaissances de l'Art, à faciliter le travail et à ajouter à l'éclat, à la dignité et au plaisir d'une loge.

Section 9ème.

Des Diacres.

Les devoirs de ces Officiers sont si bien connus, qu'il est inutile de s'étendre à cet égard. Le second Diacre ne permettra à aucun frère de sortir sans la permission de l'Officier qui présidera, et n'admettra personne dans la loge, s'il n'est proprement vêtu.

N. B. Dans quelques loges, ces Officiers doivent aussi recevoir les souscriptions, les cotisations des visiteurs et tenir les comptes des dépenses dans les banquets.

Section 10ème.

Du Tuileur, ou Couvreur au dehors.

Le Tuileur sera toujours un Maître Maçon, expert et instruit dans l'Art Royal : on préférera pour cet emploi un frère auquel les honoraires peuvent être utiles dans la position de ses affaires. Ses devoirs sont établis par l'usage et bien connus de tous les frères : son premier devoir est de n'admettre aucun frère, pas même un membre de la loge, sans la permission de l'Officier qui préside, lorsque la loge est en séance ; et il refusera l'entrée à tous ceux qui ne se présenteraient pas vêtus d'une manière convenable.

Section 11ème.

Des Députés des Loges.

Les loges établies hors de la Nouvelle-Orléans doivent, d'après les règlemens généraux et dans l'espace de six mois après la réception de leur chartre constitutionnelle, nommer leur Député pour les représenter dans la Grande Loge. Le devoir de ces Députés est d'assister ponctuellement aux communications de la Grande Loge, de donner à leurs constituans telles informations des actes de la Grande Loge qui peuvent les intéresser, et ils sont particulièrement responsables de la ponctualité des loges qu'ils représentent. Les fonctions de Députés ne peuvent être remplies que par des ex-Vénérables ou Past-Master ; leur nomination se fera loge tenante, et leur lettre de créance sera certifiée sous le seing du Vénérable et le sceau de la loge d'après la forme qui suit,

FORMULE.

à la T∴ R∴ la G∴ L∴ de la Louisiane , Anciens Maçons d'York.

La Loge . . . . N°.

Salut.

" En considération de la confiance que nous avons
" dans les talens et l'intégrité de notre R∴ F∴ . . . . .
" nous avons nommé et commissionné et par ces pré-
" sentes nommons et commissionnons notre dit R∴
" F∴ . . . . pour notre Député à la Grande
" Loge, à l'effet de nous y représenter et faire tous
" actes en notre nom , conformément aux constitutions
" de l'Ordre et les règles et règlemens de la Grande
" Loge, aussi pleinement et complétement que si les
" Officiers de notre loge pouvaient y être présens.

" En témoignage de quoi nous avons apposé à
" ces présentes notre seing, en loge ouverte, et les
" avons fait contre-signer par notre Secrétaire sous le
" sceau de la loge : ce . . . . jour de . . . . . et
" l'an de la Maçonnerie

SCEAU   Vénérable.
de la
LOGE.

Secrétaire.

*Arrêté et adopté en Grande Loge , séance tenante ,
le samedi 27 Mars de l'an de Notre-Seigneur 1813 ,
et de la Maçonnerie 5813.*

www.ingramcontent.com/pod-product-compliance
Lightning Source LLC
LaVergne TN
LVHW020626180726
843502LV00006B/1890